eビジネス新書

No.324

週刊東洋経済

お墓とお寺のイロハ

週刊東洋経済 eビジネス新書 No.324

お墓とお寺のイロハ

本書は、東洋経済新報社刊『週刊東洋経済』2019年8月10日・17日合併号より抜粋、加筆修正のうえ制作しています。情報は底本編集当時のものです。(標準読了時間 90分)

お墓とお寺のイロハ　目次

葬儀、戒名、法事、お墓…「異色住職」が伝授

知っておきたいお寺のリアル

リアル住職・蝉丸P

ネットの片隅で仏教関係のネタを扱っている四国在住の「リアル住職」、略して〝リア住〟の蝉丸Pです。現職の住職の立場から、寺と墓について皆さんが関心のありそうな事柄をいくつかお話しします。法話の癖で文章が小咄（こばなし）風になる部分もありますが、ご容赦ください。

読者の皆さんも40代あたりになってまいりますと親御さんの葬儀が現実味を帯びた問題となってきますが、いざ葬儀となったらいったい何をすればよいのか、寺に頼むといっても、寺との付き合いは親に任せていたのでどうやって話を切り出せばよいのか、という悩みをネット上でよく見かけます。

寺サイドとしては、身構えず普通に聞いてくれればと思っていても、なじみがないので「聞きにくい」「何か失礼をしてしまいそうで」「高いお布施を要求されるんでしょ?」など、イメージ先行で心理的なハードルが上がっているらしく、よくわからないまま放置していたら不幸が起きて、突然、寺と関わることになってしまい……というパターンが多いようです。寺にまつわる基礎的なことを知っていれば、いざというときに慌てずに済むかもしれません。

寺ってどんなところ?

寺が現在のような葬儀や法事をメインに行うようになったのは江戸時代の「寺請制度」からです。江戸幕府はキリスト教を締め出すため「地域の寺の檀家にならないと社会的な権利を認めない」という宗教政策を取りました。寺は「人別帳」という、現在でいう戸籍のような文書の作成と保管の役割を担いました。それだけでなく寺は幕府の出先機関としての性格を持ち、寺子屋などで初等教育を行ったり、葬儀・法事などの祭祀を執り行ったりしました。

幕府の宗教政策は、独立武装勢力であった寺社の力をいかにそぐかということに重点が置かれ、荘園と武力を取り上げる代わりに、幕府から支給される俸禄と檀家の祭祀で寺院を運営するようになります。それと「諸宗寺院法度」によって宗教論争や布教活動も禁止され、仏教への統制が進むと同時に、平和な世の中で寺院数は増えていきました。

こうした歴史で、本山や修行道場ではない市井の寺は、仏道修行や布教の場というよりは、葬式と法事がメインという現代に続く状態となりました。

寺は2つに分類できる

現代では一見すると、どこの寺も同じようですが、大きく2つに分類することができます。

宗派にもよりますが、運営方針として旧来の檀家制度をメインに据えた「檀家寺」

と、祈祷や相談など信者さんをメインに据えた「信者寺」です。

維持費や護持費という年会費を払って檀家として所属するのが檀家寺で、相談や祈祷の依頼ごとにお布施を包み、檀家のように寺へ所属するわけではないのが信者寺です。檀家になるということは菩提寺と呼ばれる寺院のサポーターになるようなものなので、安定して継続的な供養を頼めますが、年会費に相当する維持費や護持費などの負担、寺の行事や運営にも関わるため、何かしらの役職に就くことや手伝いを求められたりします。

家族が亡くなり、いきなり連絡しても既存の檀家さんの予定が優先です。寺側が「檀家になると会費や役割がありますよ」と説明しても、家族を失った方は冷静に聞いているようで聞く余裕もないため、後から「聞いていなかった」などのトラブルに発展するケースが多いので、「事前に檀家入りの相談に来ているならともかく、飛び込みは怖いので受けない」という寺は多いです。

檀家寺は住職1人のワンオペ状態のところも多く、単純に手が回らないという理由もあります。

一方、多くの職員や役僧を抱えている大寺院や、葬儀社や僧侶の派遣サービスなどと提携している「飛び込みでもガンガン受けます」という拡張路線の寺もあります。

ところが依頼者の家から離れていたり、寺持ちではない僧侶がスポット契約的に葬儀や法事だけを受けますという形態だったりすると、後々どこかの寺に檀家として入ろうとしたときに「うちでつけた戒名じゃないから認められない」などのトラブルになったりすることもあるのです。

そうしたトラブルを回避するには、事前に「まだ両親は元気ですが、いざ不幸があったときにこちらにお願いしたいのですが」という相談でもしていれば、寺の対応も違ってきますし、その間のやり取りから、住職の人品骨柄を判断しやすくなります。情報化の時代とはいえ、菩提寺を選ぶのは、足で稼がないといけない事柄の1つかもしれません。

ここでまとめると、寺との付き合いは、

① 檀家になって継続的な供養などを受けたい

② とりあえず葬儀や法事などを単発で済ませたいのどちらにするかということでしょうか。

仏式で供養を行うというなら、どういう形の供養をチョイスするかが重要です。とくにこだわりがなく、都市部住まいなら僧侶の派遣サービスなど単発で供養をこなしていく手もあります。

檀家になるということは、寺の支援者になるということだ

■ **寺にも種類がある** ―寺の分類―

檀家寺	信者寺
●葬儀や法事などが中心 ●檀家は維持費や護持費などの名目で年会費を払って所属する	●相談や祈祷などが中心 ●依頼ごとにお布施を払う。所属を強制されることはない

どの宗派の所属なのか

無宗教だと自称する人が多い昨今ですが、しっかり立ち位置の確認をしておきましょう。

本家筋か分家筋か。実家に菩提寺があるのか。菩提寺があるならば宗旨は何宗なのか。両親が新宗教（明治以降にできた宗教）の信者ならばそこで葬儀や法事などをやってくれるのか。こうした点の確認は大事です。

本家筋の人であれば、代々世話になっている菩提寺などがあることが多いので気にする必要はありません。分家筋の新宅なら、現住地で新たに菩提寺を探すか、本家が世話になっている菩提寺に頼むなど、選択の自由度は高いです。

ややこしくなるのが「地方に実家があって、長男が首都圏で所帯を構えている」などの場合で、まず実家に菩提寺があるのかどうかの確認が必須となります。地方の実家にある墓や菩提寺を使うのか、それとも現在生活している首都圏で新たに墓を探し、地元の墓じまいをして中の遺骨を移すのか、菩提寺も新しく見つけるか、などの要素が絡むと事態は複雑になるので、親族との事前の話し合いが重要となります。

基本的には、①父方の実家、②母方の実家、③現住地で探す、という順番で決めていくのが無難です。いずれにしろ寺と墓をどこにするか、将来住む場所、人間関係や思想・信条、両親の信仰などを加味して、事前の話し合いを持っていただくのが最適解といえましょう。

墓と祭祀をどうするか

墓についてもう少し述べますと、墓にも種類がありまして、どういった種類の墓なのかという確認は必須となります。

① 境内墓地

寺院の境内地などにあり、宗教法人が事業主体です。基本的にその寺の檀家になることが使用規約に盛り込まれていたりしますが、今は寺の敷地内にあっても「宗派問わず」という霊園を運営しているパターンもあります。

② 公営墓地

事業主体が自治体の墓地で、宗教的な制約はないですし、公的機関ゆえの安心感もありますが、抽選の倍率が高く、確実に確保というのが難しい。

③ 民間の霊園や納骨サービス

石材屋さんや葬儀社などが経営の主体で、石材などは指定業者を通す必要があったりしますが、概して広い敷地で墓石デザインの自由が利きます。納骨ビルなどは最近の流行ながら、建物が老朽化したら業者がどう維持するのかという実例に乏しいところがネックです。

④ 古いみなし墓地

昔の共同墓地で管理人などが不在の場合が多く、やや難易度が高めです。

基本的に墓地は土地の売買ではなく、使用する権利の売買になります。みなし墓地以外は石材や業者などの指定があったりするので、まず契約書を読んで管理者に話を聞いておきましょう。

葬儀関連で皆さんの関心が高いのが戒名（浄土真宗では法名）です。そもそも論を申しますと、戒名は「正式に仏門に入った証し」であり、受戒といって師僧から戒を受けると同時に戒名（法名）を授かるものです。キリスト教のカトリックにおけるクリスチャンネーム（洗礼名）と似ております。

戒というのは仏教徒として守るべき心の努力目標であり、僧侶の場合はこれに加えて僧院で暮らすための罰則を伴ったルールである律というものも授かります。もともとは、在家の信者さんが、この戒を授かることによって生きている間に仏縁を結び、仏教徒としての自覚を強め日々精進をして暮らすという性格のものでした。

これが死後の世界など「他界観」の変化によって、「仏教では身体の働きが止まっても、すぐに死であるとは捉えない。四十九日を迎えるまでは心の働きが残っている中陰と呼ばれる状態で、この状態のときに仏門に入ることができれば仏縁によって六道輪廻（りんね）（仏教での6つの世界）に迷うことなく、浄土や仏国土へ赴き、成仏できるはず」というふうに変わりました。

そこで故人に対する追善供養の一環として、「生きている間に受戒してまじめに暮らすのは面倒だけど、四十九日を迎えるまでに仏門に入ればセーフ」というようになりました。葬儀の際に、菩提寺の住職を師僧として戒を授ける儀式が、葬儀の引導作法と呼ばれるようになりました。

また、戒名の上に中国由来の号（文人が名乗るペンネーム）を上乗せする文化が融合して、現在見るような○○院（院号）○○（道号）○○居士、大姉、信士、信女（戒名）という戒名のテンプレート（類型化したもの）が整備されていきました。

本来は菩提寺に対する貢献度（建物や施設の寄付や、寺の役職などの奉仕活動）によって寺院側から贈られる戒名ですが、高度経済成長期あたりから、社会的に成功した人が「実家の連中よりよい戒名をつけてほしい。寺への貢献度はお金でよいでしょう」的なやり取りが多発し、いつしか金銭の対価として扱われるようになったという話を老僧から聞いたりもしましたが、実は江戸時代でも同じではなかったかなとも思います。とはいえ「よい戒名を」という言葉が多く聞かれるようになったのは昭和の頃からだというのも、もっともだという印象です。

戒名料は地域や宗派によってさまざまで、院号が数百万円などとまことしやかにいわれていますが、すべてが当てはまるわけではありません。戒名は「東高西低」、とりわけ首都圏はお布施が高く、関西は安めなどの傾向があるにはありますが、宗派や地域性、寺の住職による考え方の違い、檀家の数、故人をしのぶ気持ちの表し方など、さまざまな要因があるので、まずは寺側から説明を聞いて、その後は要相談となります。お布施を料金と考えるのは適切ではありませんのでお気をつけください。

最近は「葬儀は生きている人間のため」という論調がネットでは根強いのですが、それは違います。

葬儀は誰のためか

僧侶からしますと、「故人のために引導を渡す場」であり、たまさか葬儀が持つ効能によって、生きている人間のためになることはあったとしても、あくまでも葬儀は死者のために行うものです。本末転倒してはいけません。

もっとも、冠婚葬祭を行う意味は生きている人間のためにあるとの考えも理解できます。冠婚葬祭の儀式を開いて社会に周知するという効能（効果）があります。

故人にも付き合いや友人関係があり、それらを無視して内々に事を進めれば「お別れができなかった人の苦しみをどうするのか」「故人が生前お世話になった感謝を表し、残された家族をよろしくという場を設けないのか」という問題が生じます。仏式に限らず別れの儀式はやっておくべきかと思います。

祭祀に関わる習慣や決まり事は、宗派よりも地域性が強い場合もあります。川1つ峠1つを越えれば、まったく違う常識がまかり通る世界なので、まずは臆さずに寺を訪ねて住職にあれこれ聞く機会を設けるのがいちばん確実であると思っております。

先方の住職さんに「こんな話をネットで見たのですが、実際どうなんでしょう?」とまず聞いていただければ「これは、間違ってる！　うちではこうでして」と各種の説明を引き出すことができると思います。

蝉丸P（せみまるぴー）
1973年生まれ。一般家庭から高野山真言宗の僧侶になり、四国の寺院で住職を務めている。ニコニコ動画やツイッターでも活動。著書に『蝉丸Pのつれづれ仏教講座』など。

布施はいくら払えばいい？

お寺との正しい付き合い方

葬送ジャーナリスト・碑文谷　創

寺との付き合い方などで悩むことはないだろうか。この分野に詳しいベテランの葬送ジャーナリストがそんな疑問に答えてくれた。

【Q】母が死亡したら、知人も親戚も少ないので入所している特養での葬式を考えています。東京で適当な僧侶に依頼して葬式をしてもらうことはできますか？

（60代男性の場合）

【A】この20年間で変化したのが老人施設での死の増加です。政府は病院の介護病床を切り捨て、在宅介護を促進するが、家族の縮小・単身化で在宅での看取りが進まず、結果、老人施設での看取り、死亡が増加しています。しかし施設需要は増えても対応が追いつかず「高齢者の難民化」が進んでいます。

施設で引き受ける部分はせいぜい会場提供まで。葬式を施設や葬儀社あっせんの派遣僧侶に依頼することは可能です。だが、家の墓がある人の場合、納骨する段階で菩提寺（墓のある寺）とトラブルが生じかねません。

派遣僧侶に戒名・法名をつけてもらっても、菩提寺に納骨する段で、納骨時に再度つけてもらう、葬式のやり直しさえ起こるかもしれません。もちろん、菩提寺の住職に理解があって問題ないケースも少なくないのですが。

菩提寺があり、そこに納骨することを希望する場合には、死亡してからではなく、終末期から菩提寺の住職に相談しておくといいでしょう。死亡したら通夜・葬式に菩提寺住職が来てくれるケースのほうが多いです。交通費など実費は必要ですが、その後の処理が円滑に進むためには安いともいえます。両親の法事、墓の管理、今後の家族の葬式などもあるので、菩提寺との関係は円満であるに越したことはありません。

【Q】檀家となっている寺が葬式の布施を基準額30万円から一律60万円にするそうです。父85歳、母80歳で私も55歳。お金に余裕がなく応じかねます。（55歳男性の場合）

【A】布施の金額について、寺は希望はできますが、指定する権利はありません。布施は料金ではなく、あくまで布施する側の任意で行うものであるからです。

寺の檀家（戦後は家制度がなくなったので正式には檀信徒）であるとは、寺の構成員として寺を維持する責任を負っていることを意味します。しかし寺は宗教共同体で、維持費は構成員が一律に負担するものではありません。檀信徒にも当然ながら経済力の違いがあり、各自ができる範囲で精いっぱいに負担するというのが基本精神です。

1000万円以上の高額所得者にとっての60万円と、貯蓄もなく300万円の低額所得者の60万円とでは意味が違うのです。

寺というのは、布施する金額が生活程度により200万円の人も、50万円の人も10万円の人も、あるいは現金がなく寺の清掃や労働奉仕をする人も、「寺を支えようとする熱意が一緒であれば」平等に扱う集団のはず。それが「寺である条件」です。

近年、檀信徒の減少とともに、高額所得者の負担が減額、葬式や法事の布施も減額傾向にあり、経営維持に危機感を抱く寺が増加しています。でも、布施の定額化、高額指定は寺の勘違い。これに従う義務はありません。

ただ最近は通夜、葬式と奉仕してもらっても、5000~1万円を包むという感謝の気持ちもなく、寺を維持する責任も感じない檀信徒がいます。こうした無責任檀信徒の増加も問題の1つです。

【Q】菩提寺の住職に葬式・法事の布施の目安を尋ねると、「お気持ちで」との答え。知人は30万円包んだら住職に突き返されたと言います。適切な相場は？ （50代男性の場合）

【A】私の知り合いの住職は葬式の布施について、こう話しています。「檀信徒は基準額（一応の目安）10万円、檀信徒以外は基準額20万円。檀信徒の基準額が低いのは長年寺を支えているから。ただし、この金額が難しいという方は相談してください。事情により減額も分割もできる。支払える方はどれだけ多くとも歓迎です。多く支払う方が多いほど貧困家庭の負担は減ります」

この寺では、100万円以上が約10%、無料が5%。単純平均すると、その額は25万円でした。

20万～30万円の布施を突き返された、という事例はそう多くないはずです。世の中に「葬式の布施相場は40万～50万円」という話が広がっているが、実際の寺では20万～30万円が多いと思います。高飛車に出るのであれば、それは僧侶に問題があります。

「葬式の布施には読経料だけではなく戒名（法名）料がある」という話も耳にします。これもおかしな話です。「仏教で葬式をする」とは、僧侶としては「仏弟子として送る」ことなので、仏弟子のしるしとしての戒名（法名）を授けます。戒名・法名が不要ならば仏教で葬式をしなければいい。仏弟子にするのに料金がかかるわけではありません。しかし、「金を払ってでも立派な名を手に入れたい」とする人がいて、それに付け込む僧侶がいることも確かです。

【Q】数年前、父が死亡。50歳にして檀家の一員になったが、寺との付き合いはすべて父がしていてわからないので、困らない程度の基本情報を教えてください。
（50代男性の場合）

【A】寺の檀家（檀信徒）であるとは寺の構成員であるということ。宗教的には信仰を同じくして寺の行事に参加することで、経済的にも寺の維持に責任を持ちます。「参加したくない、負担したくない」消極的な檀信徒が多いのも現実です。寺との付き合いは、まずお金。それにも日常的経費と非日常的経費があります。

日常的経費では、檀信徒会の年会費が1000〜3000円、春秋のお彼岸、お盆のお参りでの布施が都度3000〜5000円で年に9000〜1万5000円程度。月参り（家族の月の命日に僧侶が自宅を訪問し仏壇で読経）の習慣のある寺では、都度2000〜3000円なので年2万4000〜3万6000円。

非日常的経費の代表は葬式の布施で、さまざまですが最多価格帯が20万〜30万円。法事に当たるときは3万〜5万円、場合により塔婆代も。寺の修繕、新築は檀信徒の寄進で行われます。工費3000万円を300軒の檀信徒で負担すると平均

10万円。少ない人でも2万円程度の負担となります。

さらに檀信徒に求められるのは、可能な範囲で寺の宗教行事、社会的活動へ参加することです。

檀信徒になった場合、権利やメリットもあります。第1は家族の弔いをしてもらう権利。「檀信徒である」とは、たとえ単身でも寺が弔う責任を持っている人、という意味です。第2は、相談できる権利です。私たちは死後だけではなく、生活をしていくうえでもさまざまな困難を抱えている。プライバシーを考慮し何でも相談できるのが寺です。

第3は地域に生きていく核として寺を利用する権利です。災害や自死防止などさまざまな場面で寺の活動が注目されています。

【Q】祖父母の代から檀家。その墓地に祖父母、両親、叔父叔母が入っているが、住職の金銭感覚に問題がある。別の宗派にも親しんでいる。お寺を替えたいです。

（70歳男性の場合）

【A】寺を替わることは可能です。憲法で信教の自由は保障されているからです。しかし実際には面倒なことが多くあります。

無難で割と世の中によくある形は、墓のある寺の檀家であることは形式的に継続し、自分の好きな寺の1代限りの信者となること。「形式的」とは春秋のお彼岸、お盆の墓参りをするたびに5000～2万円程度の布施は包むが、その程度の関係に限定すること。納骨されている方の法事は新しく信者になる寺にお願いしてもいい。

叔父さん、叔母さんも納骨されているということなので、寺の墓の使用権をいとこに譲るという方法もあります。墓を譲る相手がいない、その寺との付き合いをいっさいしたくない、というのであれば、改葬し、公営墓地、民営墓地、あるいはあなたの選ぶ寺の墓地に墓を移すことになります。改葬は面倒ですが珍しくはないです。

市区町村から改葬許可証を得て、墓所の墓石などを撤去して原状復帰する工事が必要です。義務や条件ではないですが、お世話になったお礼としてあなたが適当と思う金額を包むのが無難です。

新しい墓所を求めるとするとその使用権料と墓石代のほか、改葬先を見つけることも必要です。

選択肢は1つだけではありません。周囲とよく相談のうえ決められるといいでしょう。寺の住職とも話し合ってください。

【Q】定年まであと5年、その後再雇用で1年更新の契約社員。自分の入る墓がなく、準備をしたい。選ぶに当たって注意すべきはどういう点ですか？（55歳女性の場合）

【A】女性単身となると承継者の必要がない永代供養墓（合葬墓）、樹木葬墓地（都市型では樹林墓地）、墓以外に、遺骨をまく散骨（自然葬、海洋葬）という選択がありま す。また単身とはいえ息子・娘さんがいらっしゃるのなら、通常の墓地、納骨堂も選択肢に入ります。かつて「墓の承継者は男性」という通念がありましたが、戦後の男女同権社会では娘さんも立派な承継者です。

実家の墓も選択肢になります。実家の墓の使用権を持つきょうだい（その承継者候補のおい・めいを含む）などの承認があれば、実家の墓に入ることも可能です。

新規に墓・納骨堂を求める場合、永代供養墓（合葬墓）に限っていうならば、宗旨が自由なのが地方自治体の経営する公営と民営です。民営のほとんどは寺などの宗教法人の経営ですが、宗旨は自由としています。

「自分の死後を託す」ということでいえば、「信頼できる寺」を選ぶということが大切です。信頼できれば、老後や終末期の相談もできるでしょう。葬儀やその後の供養の委託もできます。お子さんの相談相手にもなってくれるでしょう。実際に現地に足を運び、住職に会って、その人となり、考え方、不安に思うことを確かめることが必要です。広告、パンフレットでわかることは限られていて、それだけで実態はわかりません。

碑文谷　創（ひもんや・はじめ）
雑誌『ＳＯＧＩ』元編集長。現在は死、葬送、宗教をテーマに評論活動をしている。著書に『葬儀概論』『死に方を忘れた日本人』『新・お葬式の作法』など。

僧侶は会社員と兼業も

ほとんどの寺は儲かっていない

文化庁によると、日本の寺の数は２０１８年末で７万６０００を超えている。これは全国にあるコンビニの数よりも多い。

だが、約７万６０００あるうちの約２割近くが、経営難などによる不活動寺院といわれる。住職が専業ではなく、教員、自治体職員、農協職員、葬儀社社員、会社員と兼職して支えている寺があるし、１人がいくつかの零細寺院の僧侶を兼務して支えていることも多い。これらは全体の５～６割と推計されている。

経営的に自立しているのは半分以下の３万程度だろう。「僧侶は儲かる」「寺は檀家からの寄進でぼろ儲け」という世評は一部の大規模寺院にのみ該当する話で、経営困難にある寺、貧困を余儀なくされている僧侶は少なくない。

寺の収入源の最も大きなものは葬儀・法事の布施。300の檀家を持つとすると、収入と支出は以下のような感じとなるだろう。

年間葬儀数は20件程度、1件30万円として、収入は600万円となる。法事100件×3万円で300万円、盆・彼岸などで300件×5000円＝150万円。墓の管理料などが4000円×200件で80万円、その他収入80万円。合計は1210万円だ。

支出も見ていこう。僧侶の人件費・社会保険料などで400万円となる。その他の人件費200万円、維持・修繕費200万円、行事費300万円程度だろうか。本山・支所等負担金100万円、交通費40万円、会報費30万円、その他もろもろの経費が50万円とすると、締めて1320万円となる。

収入から支出を引いた赤字額は110万円。これに対して人件費など支出を削減する方法をとるか、新事業を企画して事業収入で補うか、などの選択を迫られる。新事業の候補には駐車場賃貸、墓地造成、幼稚園経営などがある。

葬儀・法事の布施は僧侶個人の収入ではなく、宗教法人である寺の収入で、僧侶は寺から給料を得てそこから所得税その他を支払う。

地方寺院は檀信徒の都市への移動、高齢檀家の増加で布施収入が減額傾向にある。現在、檀信徒の間で「寺の経営は自分たちが支えている」という意識が低下しており、「寺にお金を取られる」と思っている人も少なくない。

経営情報の公開を

布施収入の減少に対し、布施の目安となる基準額を上げて補おうとする寺院があるが、葬儀布施基準額30万円を60万円に上げたら、檀信徒の寺を支えようとする熱意が減少、かえって寺の経営を悪化させたという事例もある。

寺の経営悪化の一因に情報公開が進んでいないことがある。会計を公開することで、寺は儲かっているのではないという経営実態を檀信徒に理解してもらえるだろう。

また何より大切なのは、寺が檀信徒のため、地域のために何をしようとしているかを明示し、その活動への協賛者を増やすことである。

寺は僧侶個人のものではない。檀信徒、地域の人を巻き込んで運営する必要がある。僧侶個人の発想にもできることにも限りがある。寺の再生には情報公開と檀信徒などとの協働化が欠かせない。

寺が民衆化したのは室町時代末期の戦国時代のこと。当時「聖（ひじり）」などと呼ばれた地位の低い僧侶が民衆の中に分け入り、それまで仏教が対象にしていなかった民衆の死者を弔ったことによる。

民衆は自分たちの命の価値を認められたと感じ、仏教を歓迎し、民衆の手で全国各地に寺が建てられていった。

寺は民衆の生死に向き合う精神を呼び起こす必要がある。葬送、法事の儀礼を営むことが重要なのではなく、そこに生きて死んだ人、遺された関係者の痛みを感じて営むことが重要なのだ。命が粗末にされる時代、寺にはたくさんの課題がある。

（葬送ジャーナリスト・碑文谷　創）

お寺が変わり始めた！　ランチや昼寝ができる？

人の居場所をつくり出す寺

立教大学社会デザイン研究所　研究員・星野　哲

名古屋市昭和区の住宅街で、オレンジ色がかった朱色の伽藍（がらん）がひときわ目立つ教西寺（浄土真宗本願寺派）。訪ねると、本堂では子どもたちが鬼ごっこで走り回っていた。奥座敷では、紙でハスの花を作るワークに参加した女性が、世間話に花を咲かせている。鹿児島から引っ越してきて、２０１８年３月に教西寺の納骨堂に墓を移したという家族は、「お墓参りのついでに」と立ち寄り、住職の三宅教道さん（４６）と玄関近くのソファで茶飲み話を始めた。

教西寺は、地域の人たちが集う「居場所」だ。影絵劇の上演や、子どもたちが勉強したり遊んだりする「寺子屋」の開催。ヨガ教室やコーラスサークルもある。ＬＧＢＴ（性的マイノリティ）やグリーフサポートなどの学習会や語り合いもよく開かれる。月に1度の「よっ寺ぁ」は、「おいでよ」の意味の名古屋弁「よってらぁ」をかけた。寺を開放し、好きなように空間を使ってもらえるようにしている。活動が幅広いから足を運びやすい。

「苦しいと感じたときに来てもらえる寺にしたい。仏教は苦に向き合うものだから、そのために日頃のつながりを大切に、気軽に寄ってもらえる場にしたい」と三宅さんは話す。

本堂を意外な形で利用してもらうのが、金沢市の如来寺（浄土宗）だ。毎年8月1日から5日まで、誰もが自由に昼寝できる場として、100畳ある本堂を正午からの3時間、開放する。地元では「ひる寝寺」として知られる。住職の吉田昭生さん（83）は「本堂を吹き抜ける心地よい風を独り占めせず、お布施の1つ『房舎施』として開放している」と説明する。

社会課題に向き合う僧侶

かつてお寺は地域コミュニティーの核だった。その役割を現代に復活させるかのように、地域に開かれた居場所となる寺が増えている。悩みに寄り添い、社会課題に向き合う僧侶も数多くいる。

神奈川県横須賀市の独園（どくおん）寺（臨済宗建長寺派）住職、藤尾聡允さん（61）は「自死・自殺に向き合う僧侶の会」の共同代表を務めている。首都圏で50人ほどの僧侶が、手紙による相談と、月に1度の遺族の集いなどを2007年から続けている団体だ。これは藤尾さんの活動の一部にすぎない。評判を聞きつけ、悩みを抱えた人が朝でも夜中でも突然、寺に来るようになった。

例えば、朝、山門の脇に立ち尽くしている人がいる。顔面は蒼白で、口数はほとんどない。そんな人を藤尾さんは本堂に招き入れ、しゃべり出すのを待って、ひたすら耳を傾ける。カルト教団からの救出に関わったり、暴力団事務所に出向いたりすることもあった。命に関わる深刻な悩みを抱える人もいるので、48時間以上は寺を離れないようにしているという。
藤尾さんは「ブッダだったらどんなときでも、苦しみを抱えた人を拒まずに会うはず。だから私も拒まない。悩みから立ち直る姿を見ると疲れも吹っ飛ぶ。立ち直って結婚し、子どもを連れて来てくれた人もいる」と語る。

幸せな出会いの場となる寺もある。千葉県勝浦市の妙海寺（日蓮宗）は、市に協力して婚活イベント「寺コン」の場を提供し、住職の佐々木教道さん（42）自ら「良縁の結び方講座」や良縁祈願をしている。25歳から49歳までの未婚の男女が、一緒にランチを楽しんだり、和菓子作りをしたり。これまで2回開催して70人が参加した。

佐々木さんはもともと、町の人たちと一緒に地元の名物料理を開発したり、一人暮らしの高齢者向けランチ会を開いたりして、地域と積極的に関わっている。寺は地域があってこそと考えるからだ。婚活について佐々木さんは「出会いの少ない地方で、少しでもよい出会いを作り、幸せを増やしたいと思っている」と狙いを話す。

一軒ではなく複数の寺が協力して社会課題に向き合うケースもある。18年度のグッドデザイン大賞を受賞した「おてらおやつクラブ」はその典型だ。寺への「おそなえ」を、仏様の「おさがり」として、母子家庭など生活が苦しい家庭へ「おすそわけ」する活動だ。

大阪市内で餓死したとみられる母子のニュースをきっかけに2014年1月、奈良県磯城（しき）郡田原本町（たわらもとちょう）の安養寺（浄土宗）住職の松島靖朗さん（43）が中心になって始めた。宗派を問わず、全国で1252（19年7月現在）の寺が協力する。各寺院で発送作業をして、提携する支援団体を通じ毎月約1万人の子どもたちにおやつや食品を届けている。2017年にはNPO法人化した。

「自力に頼る自助、公的な支えの公助、コミュニティーによる助け合いの共助。そこから漏れ落ちてしまう人がいる。そうした人をも救うのが仏様の『仏助』だと考えている。仏助を通じて自助・公助・共助に戻るお手伝いをしたい」と松島さんは言う。

地域で協力する動きもある。山梨県内のさまざまな宗派の若手僧侶11人が

2016年に「坊主道」を結成し、寺で子どもたちと一緒に食事をする「寺GO飯」や、寺を身近に感じてもらうためのネット「お寺のじかん」などの活動を続けてきた。その過程で協力してくれる一般の人が増えたことから18年12月、一般社団法人「SOCIAL TEMPLE（ソーシャルテンプル）」を行政書士やIT専門家らと設立した。僧侶だけでは対応しきれなかった問題に向き合うことを目指す。まずは、成年後見や遺品整理、死後の弔いなど、老後から死後のさまざまな不安や手続きに関し支援する「ゆくすえサポート」を始めた。

社団法人代表理事で妙性寺（日蓮宗）住職の近藤玄純さん（44）は「社会課題に向き合うことは『利他』であり修行と同じ。ソーシャルテンプルは、社会課題を解決したいという思いを共有する人が集まる『建物なき寺院』。たとえ一人ひとりの力は小さくても、集まることで可能性は広がる」と話す。

気軽に寺に足を運ぶきっかけを、と広がり始めた活動もある。

寺では毎朝、お勤めや掃除が行われている。これを僧侶と一緒にしませんか、と呼びかけるのが「テンプルモーニング」。ツイッターなどで開催日時を告知し、参加したければどうぞ、という活動だ。

提唱したのは、東京・神谷町にある光明寺（浄土真宗本願寺派）僧侶の松本紹圭さん（40）。17年6月から月に2度、呼びかけている。朝7時半から、お経を読んだ後に境内を20分間掃除して、トークや対話をする。途中参加も退出も自由。出勤途中の会社員や寺好きな人、偶然寄った人など毎回10〜20人ほどが参加する。

「掃除をすることで『お客さん』ではなくなり、役割が発生する。すると『ここは自分がいてもいい居場所なんだ』と感じてもらえる。程よい距離感のコミュニティーになる」と松本さんは説明する。

社会的孤立が深刻化する中、寺も人と人とのつながりを生む場の1つになりうる。コンビニよりも多い7万を超える寺が日本にはある。寺が変われば社会は変わる。

星野　哲（ほしの・さとし）
元朝日新聞記者。学芸部や社会部、CSR推進部などを経て2016年に独立。ライフエンディングステージを社会でどう支えるかを取材・研究している。HP「集活ラボ」運営。

1「ひる寝寺」として知られる金沢市の如来寺で、気持ちよさげに昼寝をする園児たち。100畳ある本堂が正午からの３時間、開放される　2 山梨県内の若手僧侶11人が「坊主道」を結成し、寺で子どもたちと一緒に食事をする「寺GO飯」 3 ふらりと立ち寄り住職と雑談する家族（名古屋市の教西寺）

公営、民営どちらを選ぶ？

「よいお墓」を建てるために押さえておきたい基本のキ

終活・葬送ソーシャルワーカー　吉川美津子

超高齢社会の中で日本の年間死亡者数は年々増加し、団塊世代が75歳以上の後期高齢者になる2025年には153万人、30年には161万人まで増加すると試算されている。いわゆる「多死社会」の到来である。

人生の最期をどう締めくくるか、死後どうしたいかをめぐって、さまざまな課題が指摘されている。その1つが死後の遺骨の行方だ。

高度経済成長期に都市部に移住してきた人たちが入るためのお墓が足りないといわれて久しい。2010年の横浜市墓地問題研究会報告書で、「26年までには約9万4000区画の墓地を新たに整備する必要がある」と公表されたことや、毎年都立霊園の公募には募集数に対して数倍もの応募者があることからも、墓地は不足しているという印象を持つ人は多い。

墓地は不足していない

この好機を逃すまいと、郊外では大規模霊園の開発が進み、都市部では納骨堂の建設ラッシュ、樹木葬墓地の整備が急速に進んだ。

その結果はどうだろう。郊外に開発された大規模霊園では空き区画が多く残っているし、都市部で開発されている納骨堂でさえ、「売れない」と嘆く業者の声もよく耳にする。

本当のところは、墓地が不足しているのではなく、むしろ墓余りの状態なのである。そうした中で、ビジネスにおいては立地や予算、弔い方などのニーズを捉えて、さまざまな提案をしているお墓関連業者に軍配が上がっている状況だ。

次世代が守っていくことを前提にお墓を建てる場合、自分がどこに入りたいかという希望だけではなく、家族がどのように死者を敬い、弔っていきたいかという視点が大切だろう。最近ではお墓を継ぐことを前提とせず、継ぐ人がいなくても管理・供養してくれるシステムを採用する墓地を希望する人も増えている。

現在売り出し中のお墓の探し方には、以下の方法があるので参考にしていただきたい。

① インターネットで情報収集

各墓地の情報を集めたサイトだと、立地や宗教などの希望条件を入れると、該当する墓地を絞り込むことができる。条件に合った墓地の資料請求をすると、複数の石材店や販売業者から資料が届く仕組みだ。こういった霊園情報サイトは比較検討できるメリットはあるが、業者からの相次ぐ営業攻勢に覚悟も必要。

② 新聞の折り込みチラシを見る

新聞の折り込みチラシに入ってくる墓地、納骨堂は、業者イチオシの情報でもある。複数の業者が販売に携わっている大型霊園だと、「見学のときは、このチラシを持参」と一文が入っていることもある。チラシを持参することで、チラシに印刷されている石材店に囲い込まれることになるので注意が必要だろう。

③ 石材店に問い合わせる

ネットだけで営業している石材店もある中で、店舗を構え、地元で長く営業している石材店は安心感がある。一般にオープンにされていない墓地の情報を持っていることも多い。

④ 霊園や寺院に直接問い合わせる

直接、霊園や寺院に問い合わせ、現在販売中の区画があるかどうか尋ねてみてもよい。条件に合う墓地をある程度絞り込んだら、実際に訪問して見学となるわけだが、できれば見学はお盆やお彼岸など混雑している時期で、天候が悪い日などをあえて狙っていくのがよいと思う。

駐車場に入れなかったり、最寄り駅から霊園までの送迎バスに乗れなかったりといったトラブルもよくあるからだ。雨の日の水はけや真冬の霜対策などの確認ができ、タイミングによっては基礎工事中の過程を見ることもできる。

売りっ放し業者に注意

墓地の経営は、納骨堂であろうが樹木葬墓地であろうが、墓地として許可を得たところに限られている。事業主体別に分けると、「公営墓地」「寺院墓地」「民間霊園」に大分することができる。公営は自治体が、寺院は宗教法人が事業主体となるわけだが、民間霊園については少し複雑だ。

民間霊園とは、墓地の開発や販売に民間業者が絡んでいる墓地のことで、事業主体の多くは寺院など宗教法人が名義となって開発される。大規模霊園だと10社から20社、多いところだと30社以上の民間業者が販売に絡んでいることも珍しくない。事業主体は寺院などなのだが、一般的に「○○メモリアル」などのように寺院の名前が表に出てこないことが多い。

1990年代から2000年にかけて霊園開発ラッシュが続き、宗教法人などにしか認められない墓地の経営をめぐり、開発業者が寺院の名義を借りて、自治体から許可を得る「宗教法人の名義貸し」が横行し問題となった。墓地の販売会社は、あくまで販売のみを行う業者であって、管理などは別の専門の管理会社が行うケースが多い。そのため、中には売りっ放しでフォローなし、という対応になり、かなり問題のある販売業者も見られた。

最近は、寺院の境内の一角に、檀家用墓地と隣り合わせで民間墓地を設ける寺院も増えている。檀家用墓地に比べると区画は小さいが、販売しやすい価格帯で設定されているところも多い。「都内で墓石込み150万～300万円程度でお墓を建てるとなると、この大きさでも仕方がない」と小区画墓地は一定のニーズがある。

気をつけておきたいのは、寺院境内の中にある民間墓地の場合、宗教、宗旨・宗派不問をうたっていても、日々の勤行や法要などが執り行われる宗教施設の敷地内にあることだ。そのため、檀家として寺院を支える義務はなくても、やはりその寺院の宗教に反する教義や信仰を持つ人にはお薦めしない。

お墓は土地（墓地）を買うのではなく、墓地を使用する権利を得るということ。墓地の管理者と契約を交わし、墓地使用料や永代使用料と呼ばれる料金を支払うことになる。

■ **メリットとデメリットをよく吟味する** —「公営」「寺院」「民間」墓地の違い—

	メリット	注意点
公営墓地 事業主体は地方自治体。自治体によっては競争率が高く、申し込み条件・資格が設けられている。管理費は年間500円～	●宗教、宗旨・宗派の制限がない ●地方自治体所有のため、管理・運営が安心 ●墓地使用料や管理費などが比較的低価格 ●自分で石材店を選ぶことができる	●募集数が少なく、募集時期が限定されている ●事業主体の自治体の住民に限定するなど、申し込み資格を設けている ●人気の墓地は抽選で、倍率が高い ●新規に開発した区画ではなく、過去に別のお墓だった区画も多い
寺院境内墓地 事業主体は寺院など宗教法人。原則としてその寺院の檀家になる（宗教法人に帰属する）ことが条件。管理費は年間5000円～	●寺院が直接管理しているので、日常の中で供養が行われている ●都市部では立地条件のよい場所にある ●管理が行き届いている ●遺骨の一時預かり、永代供養など、柔軟に対応してくれる寺院もある	●宗教、宗旨・宗派に制限がある ●寺院との相性、住職の人柄などに左右されることがある ●檀家として寺院を支える義務が生じることもある ●墓石のデザイン指定、石材店の指定があることも多い
民間墓地・霊園 事業主体は宗教法人や公益法人。開発、販売などに民間業者が携わっている。管理費は年間5000円～	●宗教、宗旨・宗派に制限のないところが多い ●申し込み資格が緩く、募集数が多い ●ペットと一緒に入れる墓地もある ●新しいスタイルの墓地も多い	●石材店は指定され、自由に選べない ●郊外の大規模霊園は、交通の便の悪いところが多い ●経営主体、販売業者、管理会社が異なる場合、維持管理などでトラブルになるケースもある

これにプラスとなる形で支出が必要となるのが墓石・工事費で、こちらは一般的に石材店への支払いとなる。業者のホームページやチラシを見ると「お墓一式９０万円から」といった広告を目にすることがある。

これは墓地使用料と墓石・工事費が含まれた費用となるのだが、当然区画はいちばん狭く、墓石は最低ランクである。さらに墓石も最小限の加工であることを念頭に考えたい。

石材をランクアップしたり、墓石に加工を施したり、付属品を加えたりすると当然費用は跳ね上がる。このほかには維持・管理面としては、年間管理料・護持会費（寺院の場合）といった名目で別途毎年支払いが派生する。

墓石に「愛」の文字を刻む

明治以降、日本の墓制度は「〇〇家の墓」として子々孫々引き継ぐことを前提として建てられていた。墓石の形も縦長の和型タイプが主流だったが、９０年代から横長の洋型タイプが増えている。

お墓のデザインは霊園で決められた規約の範囲内で、区画の大きさを考慮しながら決めていくが、洋型はデザインの自由度が高いのに加え、背丈が低く開放的なこと、また使用する石材量が若干少なくて済むため人気だ。

現在新規で建てられるお墓の約半数近くが洋型といわれている。墓石に刻む文字も、家名に限らず、「愛」「和」「ありがとう」など文字を入れることも多くなった。

■ **150万～300万円は必要に** ―建墓費用と管理費―

墓地使用料（永代使用料）	＋	墓石・工事費	＋	年間管理費
墓地を使用する権利に対する費用。不動産のような所有権とは異なり、譲渡したり転売したりすることはできない。消費税はかからない		石塔・外柵などの墓石代と加工費、基礎工事などの工事費。石材の種類や大きさ、デザインによって異なる。石材店に支払う。消費税がかかる		墓地全体の環境の維持・管理のために必要な経費として毎年支払う費用。区画内の清掃などは含まれない

墓地使用料と墓石・工事費を合わせて、150万～300万円くらいで考える人が多い

都市部で急増しているのが納骨堂である。ここではどういうものなのか、また市場の現状などについて説明しておきたい。

納骨堂とは遺骨を納める屋内施設のこと。かつては遺骨をお墓に納めるまでの一時預かり施設という意味で利用する人が多かったのだが、現代の納骨堂は、遺骨を祭祀する施設として、石の墓と同様の役割を担っている。

墓石を建てるより安価であるうえ、草むしりなどのメンテナンスも必要ない。しかも交通至便な場所に多くあることから、2000年代に入って納骨堂に対するニーズが高まっていった。

納骨堂の中には夕方、さらに午後8時、9時といった遅い時間帯まで参拝可能としているところもあり、セキュリティー完備ということもあってサラリーマンや学生が1人でも日常的に参拝しやすい。

納め方や参拝方法により、「棚式」「ロッカー式」「機械搬送式」「仏壇式」「墓石式」などに分けることができるが、近年、とくに急増しているのが機械搬送式納骨堂である。

遺骨はバックヤードに保管され、カードをかざすと目の前まで運ばれてくる仕組み。自動車業界、流通業界での保管、搬送技術が採用され、省スペースでも大容量の納骨箱を収蔵できるとあって、1棟建つと数千区画の提供が可能である。

急増してきた機械式納骨堂ではあるが、現在はその勢いにやや陰りが見え始めた。一般墓所に比べて立地以外に個性が出しにくいためだ。ロッカー式納骨堂のように申し込む時期によって選べる区画に違いがあるわけでもないため急いで準備する必要もない。需要に対して供給過多も否めなくなってきた。機械式が登場してすでに10年以上は経っているので、新しさが求められる。

「遺骨が動くタイプの納骨堂は避けたい」という声もあることから、現在、ロッカー型のような据え置きタイプの納骨堂が再注目されている。19年には新たに「書架式」といわれるブックタイプの納骨箱を採用した納骨堂も誕生している。

墓石の代わりに樹木や草花を植えて遺骨を埋蔵する墓地のことを樹木葬墓地という。墓石を建てるより安価で、自然共生のイメージがよい印象をもたらしているのか「開発すれば売れる」という状況が続いている。お墓を継ぐ人がいなくても購入可としていたり、寺院内にあっても檀家としての契約なしに購入できる樹木葬墓地も多い。

しかし、樹木葬墓地といっても、墓地によって周りの環境や雰囲気も違えば、納骨方法などもまったく違う。

環境でいえば自然の地形を生かした里山型と、霊園の一角を整地・造成した庭園型がある。納骨方法も、「遺骨をそのまま納骨」「土に返る素材の骨つぼに入れて納骨」「陶器やステンレスなどの骨つぼに納めて納骨」などがある。

さらに一定期間を過ぎると骨つぼを取り出して別の合葬墓などに移動するケースもある。購入費用にも大きな幅がある。

また、名前を刻むプレートなどは別料金となったり、目印となるタイルや石の墓標にもランクを設けていることがある。費用、納骨方法、管理方法、さらに寺院の境内にある場合は寺院との付き合い方なども確認しておきたい。

継ぐことを前提としない

「先祖代々お墓を守ってきた」という言葉をよく耳にするが、先祖代々といっても、何百年も続いている墓というのは実はそう多くない。明治以降、旧民法下で子々孫々継ぐことを前提とした「イエ墓」が建てられるようになってから「墓は継ぐもの」とされてきたが、せいぜいその程度の歴史である。しかも今、継ぐことを前提としない墓に注目が集まっている。つまり、継ぐ人がいなくても、自分たちに代わって遺骨を管理（仏教の場合は供養も含む）をしてくれるシステムを採用する墓が増えた。このようなタイプの墓を永代管理（供養）墓という。

永代管理墓というと、かつては「行き場のない遺骨を納める場所」など、寂しいイメージもあったが、近年造られている永代管理（供養）墓は、生前申し込みも多く、人気の樹木葬墓地も永代管理（供養）を前提としたところが多い。

最近は、永代管理（供養）付きの一般墓も増えている。「跡継ぎはいないが、両親の遺骨は一般的な石の墓に納めて供養したい。ゆくゆくは自分もそこに入り、数年間は一緒に弔ってもらえたら……」などの声は多くある。

このような場合は、承継者不要でも購入できる使用期限付きの墓がお薦めだ。墓の使用期間が5年、10年、33年などと決められていて、使用期間が過ぎた後は、遺骨を取り出して永代供養墓などに納められるシステムとなっている。

しかし、永代管理・供養といっても、遺骨の納骨方法、管理方法、供養方法などに厳密な定義があるわけではなく、わかりにくい。納骨方法も骨つぼや骨袋に入れて個別に納骨するタイプもあれば、ほかの遺骨と一緒に混ざってしまうタイプもある。

供養方法も、一周忌、三回忌など個別にやってくれるのか、合同なのか、それぞれの寺院によって異なる。無縁仏の永代供養墓の中に合葬納骨するタイプのものもある。何をもって永代管理（供養）なのかを、確認しておきたい。

散骨は現在、規定する法律はないが、「葬送を目的とした祭祀として、節度をもって行われる限り違法とはいえない」と、関係官庁の非公式コメントに沿った形で行われている。

ただ、遊覧船や客船から散骨したり、釣り船に乗船したついでに散骨するといった方法は推奨できない。散骨を行うためには、1~2ミリメートル以下に粉骨する必要がある。散骨する場所にもレジャーや漁業に迷惑がかからないように配慮をすることが求められている。ガイドラインや指針を制定している自治体もあるので業者と相談しながら注意して進めたい。

吉川美津子（きっかわ・みつこ）

社会福祉士。大手葬儀社や仏壇・墓石販売業者などを経て起業。葬儀ビジネスに関するコンサルティング業務のほか、葬送・終活関連の人材育成に携わる。

香典収入も含めて検討を！

自分らしい葬儀にはどれくらいお金が必要か

終活・葬送ジャーナリスト・塚本　優

葬儀の種類は、「家族葬」「自由葬」「会館葬」「音楽葬」「生前葬」など、さまざまだ。「○○葬」と「葬」がついたものだけでも、30を超えるかもしれない。

なぜそんなに多いのかというと、葬儀を分類する基準が複数あり、さらに分類基準ごとに複数の種類があるからだ。

例えば、「家族葬」は規模、「自由葬」は宗教形式、「会館葬」は場所という分類基準に基づいた分類である。そして、場所で分類した葬儀の種類には、「会館葬」のほかに、「自宅葬」「教会葬」などがあるといった具合だ。

このようにたくさんある葬儀の種類の中で、最も重視しなくてはいけない基準は「規模」（参列者数）である。なぜなら、規模こそ、葬儀を組み立てていく基本要素であるからだ。これは「宗教形式」「場所」「故人の希望や家族の要望」「葬儀費用」などのすべてに関わる項目である。

家族葬は90年代から

「規模」によって分類できる主な葬儀には、「一般葬」「家族葬」「1日葬」「直葬」がある。この4種類のうち、「1日葬」と「直葬」は、葬儀の一般的な流れを省略したものだ。以下では、この4種類について、①特徴、②費用の目安、③ほかの葬儀と比べた際のメリット・デメリットなどについて説明する。

「一般葬」は、家族・親族のみならず、故人と生前に付き合いがあった学校、職場、近隣、趣味のサークルなどの人たちや、喪主と関係のある人たちを招いて行う葬儀である。

昔は一般葬という言葉はなく、1990年代後半に家族葬が登場してきたことにより使われるようになった。家族葬が故人の家族・親族や親しかった友人などだけで営む葬儀であるのに対し、従来ある葬儀を一般的な葬儀＝一般葬と呼ぶようになった。

一般葬の費用の目安だが、まず葬儀にかかる費用の内訳を知っておこう。葬儀費用は、「葬儀一式費用」（葬儀そのものにかかる費用）、「接待費用」（通夜や葬儀後の飲食費、香典の返礼品費）、「宗教者への謝礼」（お布施など）の3種類から成り立っている。

このうち、「接待費用」は変動費とも呼ばれ、参列者数によって変動する。「葬儀一式費用」や「宗教者への謝礼」も規模によって変わることがあるが、大きく変わるのは「接待費用」だ。

したがって、一般葬の費用の目安は、主に参列者数によって立てられる。

参列者数が40～130人の場合、葬儀一式と接待の合計費用の目安は、100万～250万円である。

ほかの3種類の葬儀と比べた際の一般葬のメリットは、「縁があった多くの人と一緒に故人をしのぶことができ、葬儀後の弔問客に煩わされることが少ない」「香典収入が多いので、費用負担が軽減される」ことである。デメリットとしては、「遺族が参列者の対応に追われ、故人との最後のお別れをゆっくりできない」ことが挙げられる。

一般葬が割安な場合も

「家族葬」は、家族・親族と故人と親しかった友人などを招いて営む葬儀である。家族という名前がついているため、筆者は仕事柄、「家族しか呼んではいけないのですか」と聞かれることがあるが、そんなことはない。家族葬には、故人と親しかった友人や近所でお世話になった人など、呼びたい人を呼べばよい。

家族葬の費用の目安は、参列者が5～50人の場合、60万～120万円だ。「一般葬に比べて、家族葬は、費用が安い」と思って家族葬を選ぶ人も多い。確かに、先ほどの一般葬の費用の目安と比べると、家族葬の費用の目安は半額近い。

しかし、葬儀の場合は、葬儀社などに支払う費用と、遺族が負担する費用は同じではない。というのは、断らない限り、参列者は香典を持参するからだ。

参列者が多いほど、香典収入は増える。都市部の場合、香典の平均金額は5000円といわれており、参列者が130人とすると、65万円にもなる。

その結果、葬儀費用から香典収入を引くと、参列者数によっては、一般葬より家族葬のほうが遺族の負担金額が多くなることもある。したがって、一般葬にするか家族葬にするかを検討するとき、特に費用を重視するなら、見込まれる香典収入も含めて比較したほうがよい。

家族葬の費用に関して、もう1つ注意すべきことがある。現在は、家族葬を選ぶ人がかなり増えてきていることから、「家族葬セット」「家族葬パック」などとして、30万円、20万円と安さを訴求して集客しようとする葬儀社が多くなっている。

しかし、これらの表示費用の中には、先ほど説明した「葬儀一式費用」と「接待費用」のうち、「葬儀一式費用」しか含まれていない場合も多い。「接待費用」が含まれていたとしても、参列者数は10人までと限定されていたりする。

「葬儀一式費用」についても、ドライアイスは1日分、搬送距離は10キロメートルまでなどと限定され、それ以上になると追加料金を取られたりする。さらに、「葬儀一式費用」の中に、家族葬を行うのに必要なものがすべては含まれておらず、オプションになっているものもある。

「家族葬セット」や「家族葬パック」には、何が含まれ、何が含まれていないかをよく聞いて、費用の総額はいくらになるのかを確認してから比較検討するようにしよう。

一般葬と比べた際の家族葬のメリットは、故人と親しかった人たちだけによる葬儀なので、「参列者の応対に追われることが少なく、故人とのお別れの時間をゆっくり過ごせる」ことである。デメリットは、葬儀後に参列できなかった人から、「どうして呼んでくれなかったの」と言われたり、「自宅に弔問に訪れる人が多くなり、その対応に追われる可能性がある」ことだ。

1日葬は安くないことも

次に「1日葬」について見よう。葬儀では本来、通夜と葬儀・告別式の2つは日程を分けて行うものだが、2つのうち、通夜の儀式を簡略化または省略し、葬儀・告別式と火葬を1日で執り行うのが「1日葬」である。

1日葬は、本来の葬儀なら行う通夜を省くことから、職場関係者や近隣住民などが参列する一般葬の代わりに行われるケースは少なく、故人と親しかった人たちだけが参列する家族葬の代わりに行われる場合が多い。

家族葬の代わりに1日葬が選ばれるのは、「喪主が高齢で体力的負担を抑えたい」「遺族が仕事で忙しく、休みを続けて取りにくい」「参列者のスケジュールの都合がつきにくい」などの理由からだ。

「通夜がないので費用が家族葬より安く済む」という理由で勧める葬儀社や選ぶ遺族もいるが、実は、1日葬と家族葬とでは費用に大きな違いはない。ひつぎなど葬儀に必要な物品は、1日であろうが2日であろうが原価は変わらない。

また、通夜がないとはいえ、葬儀・告別式はきちんと行うので、葬儀社としては、そのための準備が前日から必要になり、人件費削減にはあまりつながらないからだ。「家族葬より1日葬が安い」と勧める葬儀社は、物品のグレードなどを落としているケースもあるので留意しよう。

1日葬でもう1つ気をつけなければならないのは、菩提寺がある場合である。1日葬は、仏教葬儀の正式な手順を踏まないので、菩提寺によっては認めない可能性がある。1日葬にしたい場合は、事前に相談して許可を得てからにしよう。

家族葬と比べた際の1日葬のメリットは、1日で終わるので、時間的な負担が少ない」こと。デメリットは、通夜がなくて故人と過ごす時間が短くなるため、「死の受容がしにくくなることもある」ことだ。

「直葬」とは、通夜や葬儀・告別式などの儀式は行わず、火葬だけで終えるスタイルで、火葬式とも呼ばれている。人は亡くなっても、死後24時間は火葬することが法律で禁止されており、遺体を自宅や葬祭ホール、火葬場の安置室などに安置した後、身内だけで火葬する。

都市部で直葬は3割に

葬儀件数全体に占める直葬の比率は、都市部では3割、全国平均でも1割を超すようになってきているといわれる。その理由として、「亡くなるときには友人・知人が少なくなっている」「会社、地域、親族などとの人間関係が希薄化し、付き合いで葬儀を行う必要性が薄れてきている」「お金がないという経済的事情」などが挙げられる。

直葬といっても、ただ24時間安置した後、火葬するだけではなく、故人の希望や遺族の考え方で、いろいろなことが行える。僧侶を呼んで火葬炉の前でお経を読んでもらったり、直葬後にレストランなどで会食の席を設け、故人をしのんだりすることもできる。

直葬で気をつけなければならないのは、1日葬と同様、菩提寺がある場合だ。直葬は、1日葬以上に宗教儀式を行わないので、菩提寺の許可なく直葬にしてしまうと、関係がこじれて、お墓に納骨させてもらえなくなることもあるので、事前に相談しよう。

ほかの3種類の葬儀と比べた際の直葬のメリットは、「費用が安い」「時間的な負担が少ない」「参列者への応対が不要」などである。

その一方、デメリットは、「親族ともめる可能性がある」「お別れができなかったことを悔やむ人がいるかもしれない」「遺族が後悔して悲嘆が長引く可能性がある」などだ。

一般葬・家族葬など本来の葬儀の流れというのは、故人の死と相対し、死者を送るプロセスである。直葬はこのプロセスの多くを省略してしまうので、これらのデメリットが生じてしまうのである。

遺族にとってとくに重要な3点目の「遺族が後悔して悲嘆が長引く可能性がある」について補足する。

ここでいう後悔とは、「お別れの時間が短かったので見送った実感が湧かない」「お経を上げなかったが、ちゃんと成仏できたのか」「何もしてやれなかったのが心残り」などと後で思うことだ。

葬儀の役割・機能の1つに「悲嘆の処理」がある。大切な人を失った遺族の悲しみを癒やす効果があるということだ。葬儀のプロセスの多くを省いてしまうと、悲しみを癒やす効果が薄れ、後悔となり、悲嘆が長期間続くこともあるという。

もちろん、悲嘆という感情には個人差があるし、経済的な問題で直葬しかできない人もいるだろうが、直葬にはこのようなデメリットもあるということを踏まえて、どのような葬儀にするのかを検討したい。

■メリット、デメリットを比べて選ぶ
—規模（参列者数）によって分類した葬儀の主な種類—

	一般葬	家族葬	1日葬	直葬
特徴	家族・親族に加え、故人や喪主と付き合いがある人たち（一般参列者）を招いて行う葬儀	家族・親族と故人と親しかった人たちで行う葬儀	通夜を簡略化または省略し、葬儀・告別式と火葬を1日で行う葬儀	通夜や葬儀・告別式を行わず、火葬だけで終える形式
家族・親族の数	10〜30人	5〜20人	5〜20人	数人
一般参列者の数	30〜100人	0〜30人	0〜30人	0人
参列者の合計	40〜130人	5〜50人	5〜50人	数人
葬儀一式と接待の合計費用の目安	100万〜250万円	60万〜120万円	60万〜110万円	20万〜40万円
メリット	葬儀後の弔問客に煩わされることが少ない。香典収入が多い	故人とのお別れの時間をゆっくり過ごせる	1日で終わるので時間的負担が少ない	時間的な負担が少ない。費用が安い
デメリット	遺族が参列者の応対に追われる	自宅を訪れる弔問客の応対に追われることがある	死の受容がしにくくなる	親族や故人の友人が納得しないことがある。遺族の悲嘆が長引く可能性がある

（出所）筆者作成

■ **最近の主流は4種類に** —葬儀の流れ—

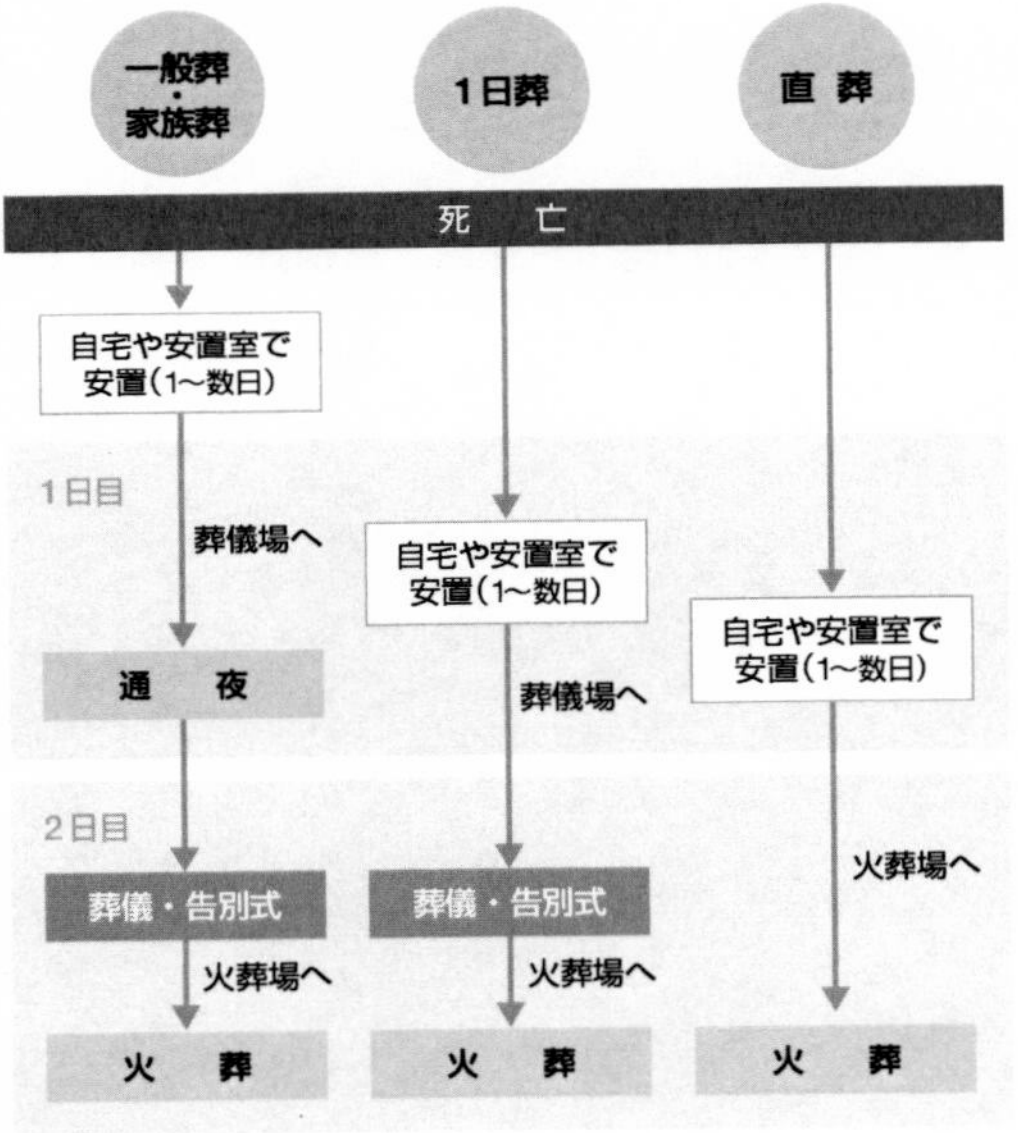

(出所)筆者作成

火葬の待機日数が長期化

最後に現在の火葬場の状況について触れておきたい。

現在、火葬を行うまでの待機日数が長期化してきている。とくに、首都圏や人口が集中している都市部で長くなってきており、亡くなる人が多い冬場では、1週間くらい待たなければならない火葬場も出てきている。

長期化してきている大きな要因は、死亡者数の増加だ。約30年前の1987年は年間75万人であったものが、2018年には139万人と倍近くに増えている。

行政は、死亡者数を推計し、将来需要を見込んだ火葬場計画を立てるが、火葬場の調査・研究などを行っている一般社団法人火葬研の武田至・代表理事は、「人口の自然増減よりも、人口移動などの社会増が大きく影響する。そうした変化に適応した火葬場の整備や運営を行うのは非常に難しい。そのため、とくに社会増が多い地域では火葬能力が足りなくなりやすい」と説明する。

これに対し、火葬炉数を増やせればよいが、都市部では、周囲の市街化が進み、敷地の拡張ができず、増築や建て替えが難しいところが多い。また、火葬場を運営しているのは地方自治体が多く、財政的に厳しいことに加え、新しく土地を確保して建設するにしても、住民の反対で非常に難しくなっている。

火葬場の増改築が難しいところでは、受け入れ数を少しでも増やそうとする火葬場も出てきている。焼香や読経、花入れなどを禁止し、告別や収骨の時間を短縮して、火葬炉の稼働率を上げようという動きだ。

しかし、その一方で稼働率を上げるのが難しい要因も出てきている。その1つは、とくに都市部では直葬が増えてきていることだ。

直葬は、火葬場に来る前に葬儀を行っていないので、火葬場でひつぎに花を入れたいとか、僧侶に読経してもらいたいとかいった要望が出されることもあり、お別れの時間が長くなってきているのだ。

前出の武田氏は、「火葬場は各自治体などに任されており、火葬場のあり方として、儀式を簡素化して効率優先でいくのか、最期のお別れとしてある程度の儀式を認めるのか、そうした基本的なところから議論し、検討すべき課題だ」と話している。

塚本　優（つかもと・まさる）

時事通信社などを経て2007年、鎌倉新書に入社。月刊誌の編集長を務めたほか、終活資格認定団体を立ち上げた。2013年、終活・葬送ジャーナリストとして独立。

「墓じまい」の傾向と対策

先祖代々のお墓など、祭祀財産を引き継ぐことを「承継」という。祭祀（さいし）財産は、遺言などで指定されていない限り、慣習に従い配偶者や子どもが承継者になるのが一般的。ただお墓は、仏壇や位牌と違い、承継者を決めて名義変更をする手順を踏む必要がある。

多くの墓地では、承継の範囲を「○○親等以内」などと規定していることが多いが、家族関係が多様化する中、承継者の範囲については規定外の場合でも個別に相談に応じるところが増えている。

お墓は購入する際に、永代使用権が設定されていて、管理料や護持会費（寺院を維持するための会費）を納めている限りはその権利を有する。しかし、管理料などの納付が滞ったうえ、墓地使用権者との連絡が途絶えてしまった場合は、一定の手続きの下、無縁の墓として整理される。

その無縁の墓が問題となっている。地方の墓の無縁化は社会問題にもなり、2013年に熊本県人吉市が市内の墓地を調査したところ、約4割が無縁墳墓だったと判明したことは衝撃的だった。

青森市西部にある三内霊園でも、無縁仏として無縁塔に安置される遺骨が18年度は68体と過去最多になったという。無縁の墓の全国的な統計データはないが、厚生労働省によると、無縁となって遺骨が取り出され合葬墓などに移動された「改葬」の件数は、2017年度で約3300件に上る。

無縁になる前に、遺骨を移したり、墓を整理したりしておこうという人が増えている。既存の墓から遺骨を取り出して別のお墓に改葬する数は増加傾向にあり、2009年度の約7万2000件に対し、2017年度は約10万4000件だった。その中には「お墓が遠方にあるため墓守ができない」「継ぐ人がいなくなる」などの理由で「墓じまい」をするケースもある。

墓じまいとは、既存の墓の墓石を撤去し更地にすること。撤去するだけなら工事費だけで済むが、中の遺骨の行く先をあらかじめ決めておく必要がある。遺骨の行く先をどこにするか、立地や費用、管理方法など、家族間、親戚間で意見がまとまらず、トラブルになるケースも多々見られる。

「自分は田舎の墓を整理して、遺骨は都市部に改葬したいが、親戚が『墓参りができなくなる』と反対している」「家族は遺骨の改葬先として境内にある永代供養墓がよいと言っているが、自分は海洋散骨がよい」など、考え方の相違により遺骨の移動先の合意を得るまでに時間がかかる。

■ **役所への届け出が必要に!**
—墓じまいの手順—

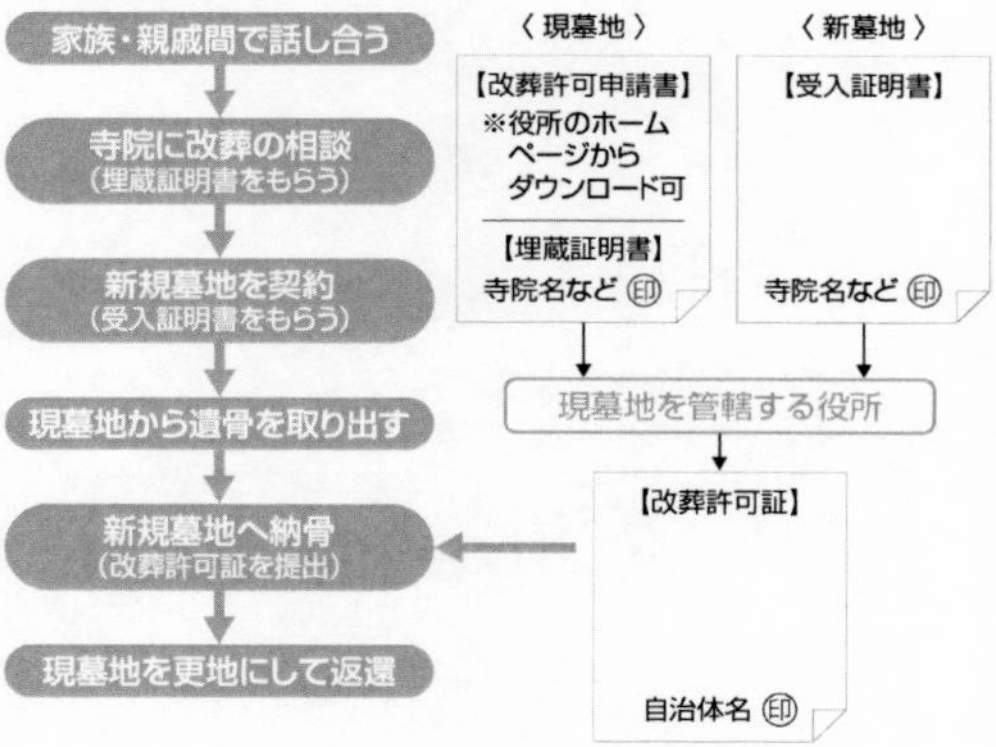

すべての遺骨の移動なのか、一部なのか。それによっても手続きが違うので注意が必要だ。

寺院へ渡す「離檀料」に関するトラブルもある。寺院に墓がある場合、檀家をやめたり改葬や墓じまいをしたりする場合には、お礼を兼ねて「お布施」を包む慣習がある。

それを離檀料と表現する人もいるが、あくまでこれは感謝を表したもので、手切れ金とは異なる。金額に決まりがあるわけでもなく、払わないからといって寺院が改葬を阻止することはできない。しかし、寺院に何の事前相談もなしに改葬に関する事務手続きを進めてしまうのはトラブルになりやすい。墓じまいを考えたら、まずは寺院に相談することが順当な流れである。

墓地の中には、集落の一角や個人所有の土地などに墓があるケースがある。このような野墓地、集落墓地は「墓地、埋葬等に関する法律」が制定された1948年より前からある墓地で、法律上では「みなし墓地」といわれている。

みなし墓地については、土地の所有など権利関係が複雑で、規定や管理も戦後に整備された墓地と違ってかなり大ざっぱだ。みなし墓地の改葬も手続きに違いはないのだが、埋蔵証明書を誰にもらえばよいのかわからないこともある。

その場合、管理組合や自治会、法要などでお世話になってきた寺院などに埋蔵証明をしてもらうことができる。それでも管理者が不明なみなし墓地の場合は、自治体に確認のうえ、所定の書類をそろえることで手続きが可能になる。

墓じまいは、単に墓を更地にするだけではなく、遺骨の移動も伴うため、「撤去工事に関する費用」と、「新規墓所取得の費用」を試算しておく必要がある。元の墓石のメイン石塔部分を新規墓所で使用する場合は、移動費用と設置費用が別途かかる。

墓の撤去費用は、工事を行う業者への支払いとなる。作業費用は1平方メートル当たり8万~15万円程度だが、重機が入れる場所かどうか、また地下カロート（納骨室）の構造などによっても異なる。見積もり段階で30万円の工事費が80万円になるケースもある。

多くの業者は、見積もり外の加算となる場合はその理由を工事の前や途中に相談するが、「重機が使えず手間取った」などを理由に何の相談もなしに加算された請求書を出す業者もあるので注意したい。

安すぎる工事費を提示してくる業者にも要注意だ。墓じまいして解体された墓石が無造作に捨てられる事態、つまり墓石の不法投棄が問題になっている。淡路島では1500トンもの墓石が野ざらしの状態で放置されていたという。

なお、引き取った墓石は産業廃棄物となるため、廃棄物処理法により自治体から許可を得ている産廃処分業者から公的書類であるマニフェスト（産業廃棄物管理票）の交付を受け、排出業者（石材店など）はそれらが適正に処理されているかを管理しなければならない。

墓石の場合、処分業者により「がれき類」として砕石され、再生資源として再利用される。しかし、手間と処分費用を浮かせるために不法投棄されるケースは後を絶たない。不法投棄は犯罪であり、処分の依頼主も責任を問われる。墓石の最終処分方法についても確認しておきたい。

■改葬は簡単にはできない
―遺骨の移動／4つのパターン―

遺骨の一部分だけを移動	分骨に当たるため、火葬場から火葬証明書、または墓地の管理者から分骨証明書を発行してもらう。改葬許可証は不要
複数の遺骨の一部を移動	元の墓から特定の遺骨のみを取り出して移動。改葬手続きは、移動する遺骨の分のみ
遺骨をすべて移動	納められている遺骨すべてを移動する場合は、人数分の改葬許可証が必要
遺骨のすべてと石塔を移動	遺骨だけではなく、元の墓の石塔も移動するときは、新規墓所に石塔の持ち込みが可能かどうか事前に確認を

建墓より墓じまいが多い

地方では、「最近は建墓よりも墓じまいの依頼のほうが多くなっている」という声も耳にする。一方で墓を残していくという選択肢もある。例えば、墓の掃除ができないという場合は「墓掃除代行サービス」を利用するのも1つの方法だろう。契約によって墓掃除の回数や料金、清掃方法は異なるが、1回につき5000~1万円程度で、墓所周辺の掃除や簡単な草むしり程度なら行ってくれる。

墓の供養や管理についても、承継者が途絶えたときのことを考えて、数年分の管理費や護持会費を一括で納めておくことで、一定期間はそのまま供養・管理し続けられるシステムを取っている霊園・墓地も少しずつ増えている。

仮に管理費が1万円だとして、まとめて30年分、または50年分程度を前納したとしても、墓じまいをして改葬する費用の合計よりも安価で済むこともある。

契約満了後は、合葬墓に遺骨を移したり、墓じまいを可としたりするなど、あらかじめ契約を交わしておくことで、使用者のみならず管理者も墓の維持・管理がしやすくなるメリットがある。

管理者や石材店などには「墓守パック」「供養委託」「供養・墓じまいパック」などの名称でサービスを商品化している企業もある。ただし市民権を得るまでにはもう少し時間がかかりそうだ。

「墓じまいしたい」と言っている人でも、「ペットとは一緒の墓に入りたい」という人は多い。最近は「ペットと一緒に入れる」という墓が急速に増えている。

動物の死体は廃棄物という扱いになってしまうが、愛玩動物として取り扱われるペットの死体については、廃棄物に該当しないとされている。それなら家族の一員として先祖代々の墓に丁重に葬ることができるかといえば、そう一筋縄ではいかない。

墓地、埋葬等に関する法律は、「墓地の管理等が、国民の宗教的感情に適合し、支障なく行われることを目的とする」もの。「国民の宗教的感情に適合」に関し、動物と同じ墓地に入ることに抵抗のある人もいるため、ペットと一緒に入ることができる墓については区域を分け、専用エリアを設けて造成している霊園が多い。

犬、猫の土葬は少なくなっているようだ。火葬は自治体でも行っているが、個別対応をしてもらえる民間業者を選ぶ人も多い。

（終活・葬送ソーシャルワーカー　吉川美津子）

■ ペットは自治体や業者に依頼 ―ペットの弔い方―

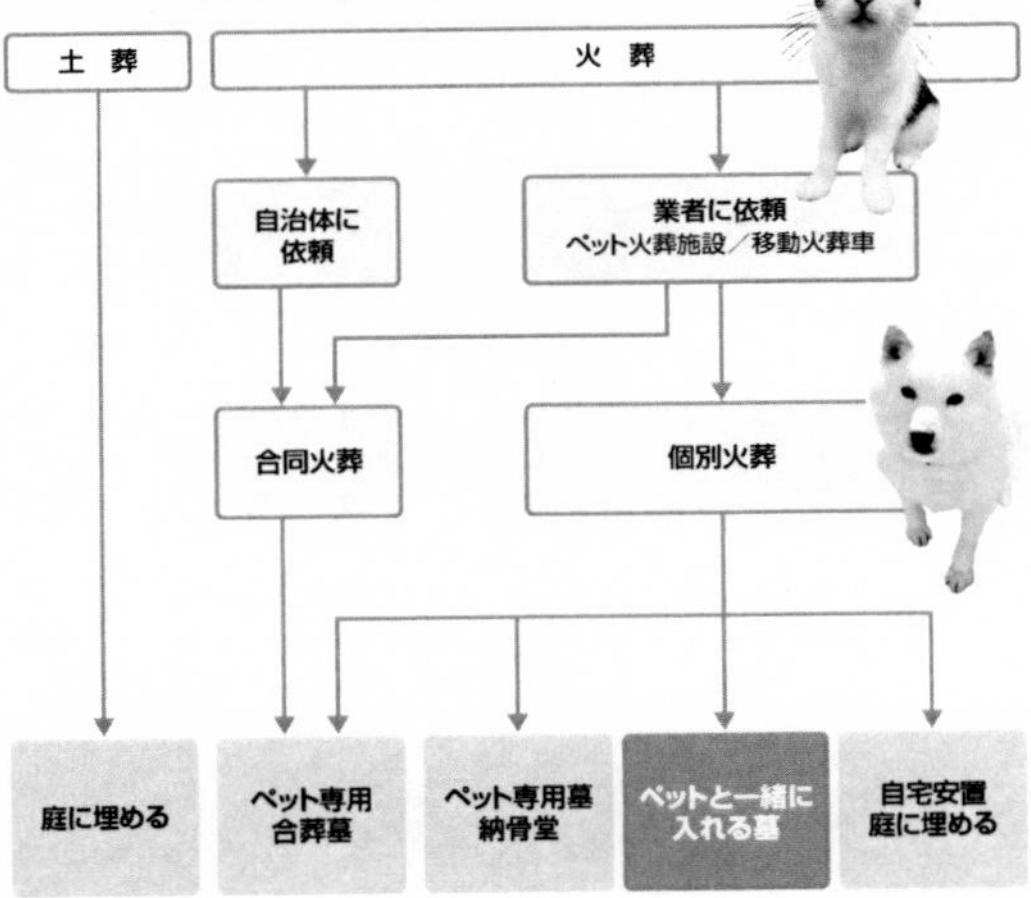

お墓をめぐる疑問・難問 Q&A

最近、世の中でお墓にまつわる疑問、難問が増えている。主なものについて解決策をまとめたので、ぜひ参考にしていただきたい。

【Q】内縁の妻と一緒の納骨は可能ですか？

【A】霊園や墓地の使用規則などでは、納骨対象者の範囲を○○親等内と限定しているケースが多いため、この制限を形式的に当てはめると内縁の妻は納骨できないということになる。

しかし、厚生労働省の指針は、対象者の範囲を「使用者の親族及び縁故者」としたうえで、範囲を著しく制限するような規定は不適切であるとしている。たとえ内縁関係であっても考慮すべきだという考え方である。結果として内縁の妻は親族に準ずるとして適用される制度も決して少なくないので、事情によって納骨可となるケースもある。

【Q】妻が義母と一緒の墓に入りたくないと言う。

【A】「夫の実家の墓に入りたくない」「嫁ぎ先の墓ではなく、実家の墓に入りたい」という女性たちの声をよく耳にする。この国においては終戦直後までのイエ制度の名残もあって、「長男の嫁は嫁ぎ先の墓に入らなければならない」という慣習はまだ健在なのだが、現民法ではイエの縛りはなく、妻が墓を別にして、自分の実家の墓に入ることも使用者の許可があれば問題ないだろう。

しかし、夫の家の墓に一緒に入りたくないからといって、別の墓を建てても、その墓を誰が管理・供養して守っていくかを考えなければならない。夫婦が別々の墓に納骨された場合、管理する子どもの負担も考慮しなくてはならない。

さらに子どもたちは将来、自分たちはどちらの墓に入るべきなのか、悩むことも出てくるだろう。ただ、嫁ぎ先の墓には入りたくないが、夫とは一緒に入りたい、というのなら、別に夫婦だけの墓を建てることも可能だ。

自分だけの墓を持ちたいのなら、生前に永代供養墓などを検討しておくのも選択肢の1つ。いずれにせよ、墓が2つも3つも増えてしまうのは避けたい。

なぜ夫と墓を別にしたいのか理由を示し、どのようにしたいのかあらかじめ話し合っておくことが必要だろう。


【Q】寺院墓地に宗教が違う妻の納骨はできますか。


【A】寺院など墓地の管理者は、正当な理由がなければ納骨（埋葬・埋蔵・収蔵）を拒んではならないと法律で定められている。

正当な理由の1つとしては「宗教活動に対する理解」が挙げられる。寺院は宗派の布教活動および信仰を支える檀信徒によって維持されているもので、その宗教的な行為に対して異論がある場合は、納骨を拒むことができるとされている。

納骨に当たって、寺院はその宗派に沿った儀式を行う権利を持ち、その儀式に否定的な場合は、納骨を拒否することができる。つまり、宗教が違う妻の法要などを仏教で行い、戒名（法名）を授かることに抵抗はないか、ということである。

仏教の中でも宗派が違えば同じような問題が生じることがよくある。できれば、こうした問題に直面する前に、家族間で話し合い、寺院と情報を共有しておくことが大切だろう。

【Q】遺骨を持ち運ぶときの注意事項は？

【A】遺骨を骨つぼに入れたまま移動する場合は、割れたり、遺骨がこぼれたりしないよう厳重に梱包する。破損した骨つぼは使用せず、別の骨つぼか納骨袋を使用すること。一方、遠方だったり、数（量）が多くて自分たちで移動できなかったりする場合は、ゆうパックで送ることも可能だ。ただし他社の宅配便では拒否されることが多い。

【Q】自宅の庭に墓を建てることはできますか？

【A】現在の法律では、自宅の庭に墓を造ることはできない。しかし、遺骨を納めることを目的とせず、記念碑や慰霊碑を庭の一角に建てることは可能である。

増える手元供養のニーズ

火葬場で火葬を終えると、残った遺骨をどうするのかを考えなければならなくなる。お墓がすでにある場合と、まだない場合では異なる。ここでは、どうするのかがとくに難しい「ない場合」について説明しておきたい。

お墓がまだない場合には、まず、「承継者の有無」を確認することが重要である。承継者がいないと将来「無縁墓」になってしまうからだ。調査の結果、約4割が無縁墓だったという自治体もあり、大きな社会問題になっている。

「承継者の有無」の確認は、あなたの親の遺骨の場合、最低2世代先まで考えなければならない。つまり、あなたがお墓に入った後に、子どもがそのお墓を継いでいくのかどうかである。

ここでのポイントは、子どもが継いでくれるのかどうかだ。子どもがいても、「別の宗教を信仰していて継げない」「引き継ぐ気持ちがない」かもしれない。したがって、子どもと相談して意思を確認することが大事だ。

費用の安い合葬墓が人気

「承継者の有無」が確認できたら、「有」の場合は「承継する」お墓、「無」の場合は「承継しない」お墓を選べばよい。ここでいうお墓とは、お墓に関する法律である「墓地・埋葬法」に基づき、遺骨を埋葬または埋蔵するものだ。「承継しない」方法には、お墓以外のものもある。それらをまとめると次図のようになる。

■ **遺骨をどうするか** —遺骨を扱うときの選択肢—

では、「承継しない」お墓についてはどうだろうか。

「承継しない」お墓としては、「永代供養墓」がある。お寺や自治体が永代にわたって供養や管理をしてくれるお墓だ。お墓の形や納骨方法の違いではなく、供養・管理を永代にわたって行ってくれるという意味でつけられた名称だ。

永代供養墓の種類には、遺骨を骨つぼから出し血縁を超えて1つの納骨室に納める「合葬墓」、納骨室は個別だが、それらを集合させて1つのお墓にした「集合墓」、個人もしくは夫婦単位で専用の墓所に埋葬される「個人墓」がある。

個人墓は、埋葬できる人数が決まっており、最後の納骨が済んでから一定期間後には合葬墓に移される。費用の目安は、合葬墓10万～30万円、集合墓30万～100万円、個人墓50万～200万円だ。3種類の中では、費用が安いことなどから合葬墓を選ぶ人が多くなっている。

「承継しない」と「承継する」の両方あるお墓や、承継後一定期間を経て合葬墓に移すなど、「承継しない」に移行するお墓もある。その1つが納骨堂だ。かつてはお墓を建てるまでの遺骨の一時預かり施設だったが、現在はお墓として使われることが多い。

遺骨を納骨堂に安置して一定期間が過ぎると取り出し、合葬して永代供養・管理するものが多い。納骨堂の種類には、コインロッカーのような「ロッカー式」、仏壇が並ぶ「仏壇式」、参拝スペースに遺骨が機械で自動的に運ばれてくる「自動搬送式」などがある。費用の目安は、ロッカー式10万~30万円、仏壇式30万~100万円、自動搬送式50万円~150万円。

「樹木葬墓地」は、墓石の代わりに樹木や花を墓標にし、その下の地中に遺骨を埋葬するお墓だ。環境に優しく、遺骨が自然（土）に返るというイメージなどから人気がある。しかし、誤解も多い。

都市部の樹木葬墓地は公園型が多く、樹木がない墓地もある。骨つぼのまま納骨し、自然に返らないケースも多い。費用も、2~3人分となると墓石のお墓を建てるより高くなることがある。樹木葬墓地の種類には、1人・1家族ごとに区画が分かれ、1本の樹木を墓標とする「個別型」、シンボルになる樹木を中心に植え、埋葬する場所は1人・1家族ごとに区分けしている「集合型」、シンボルになる樹木の下に、多くの人の遺骨を一緒に埋葬する「合祀型」がある。

費用の目安は、個別型30万～100万円、集合型20万～80万円、合祀型10万～20万円。

「本山納骨」は、宗祖・開祖の墓所に遺骨を埋葬する方法である。故人の宗派が本山のものと異なっていても納骨してもらえる場合が多いが、本山納骨を受け付けている本山は限られる。

「承継しない」タイプには、お墓以外のものもあり、1つは「散骨」だ。遺骨を粉骨してまき、最終的には自然と融合させていく方法である。散骨場所には、海、陸、空・宇宙がある。

ニーズが比較的多いのは「海洋散骨」だ。その種類には、家族・親族で船を貸し切りにする「個別散骨」、複数の家族が乗り合わせる「合同散骨」、散骨業者に遺骨を預ける「委託散骨」がある。費用の目安は、個別散骨20万～30万円、「合同散骨」10万～20万円、委託散骨3万～5万円である。

3種類の中では、墓じまいをして取り出した遺骨を散骨する人が増えてきていることなどから、委託散骨が多くなっている。海洋散骨は、法的に問題はないと考えられている。業界団体なども自主ルールを定めている。しかし、条例によって厳しい規制を定める自治体もあるので注意が必要だ。

遺骨のすべてを散骨すると、「後でお墓を建てて埋葬したいと思ってもできない」「遺骨がないとどこに手を合わせればよいかわからず、むなしく感じる」などのデメリットもある。そのため近年、散骨が増加するに伴い徐々に増えてきたのが、次の「手元供養」である。

ペンダントに収納

手元供養は、遺骨の一部を手元に置いて供養する方法だ。散骨するときのほか、樹木葬墓地に納骨するときなどにも手元供養にする人がいる。

その種類は、遺骨の一部を容器に収納する「納骨容器型」、ごく少量の遺骨をペンダントやリングの内部に収納する「ペンダント・リング型」、遺骨の成分でつくった合成ダイヤモンドなど、遺骨を加工する「加工型」がある。

費用の目安は、納骨容器型1万〜20万円、ペンダント・リング型1万〜10万円、加工型5万〜100万円。手元供養には、お墓に埋葬したいと思ったときには埋葬できるなどのメリットがある一方、いつかは誰かが処理しなければいけないなどのデメリットもある。

「自宅安置」は、骨つぼに入った遺骨をそのまま、あるいは粉骨し体積を小さくして自宅に安置する方法だ。自宅の庭などに遺骨を埋葬することは法律で禁止されているが、遺骨を保管することは法的に問題はない。

（終活・葬送ジャーナリスト　塚本　優）

【週刊東洋経済】

本書は、東洋経済新報社『週刊東洋経済』2019年8月10日・17日合併号より抜粋、加筆修正のうえ制作しています。この記事が完全収録された底本をはじめ、雑誌バックナンバーは小社ホームページからもお求めいただけます。

小社では、『週刊東洋経済eビジネス新書』シリーズをはじめ、このほかにも多数の電子書籍ラインナップをそろえております。ぜひストアにて**「東洋経済」**で検索してみてください。

『週刊東洋経済eビジネス新書』シリーズ

No.294　日本の生存戦略
No.295　アマゾンに勝つ経営
No.296　病院が消える
No.297　最強の通勤電車
No.298　地方反撃

No.299　東証1部　上場基準厳格化の衝撃
No.300　狂乱キャッシュレス
No.301　ファーウェイの真実（上巻）米国の「制裁」はこれからが本番だ
No.302　ファーウェイの真実（中巻）紅いピラミッドに組み込まれた日本
No.303　ファーウェイの真実（下巻）半導体と知的財産への飽くなき渇望
No.304　自動車　乱気流
No.305　不動産バブル　崩壊前夜
No.306　ドンキの正体
No.307　世界のエリートはなぜ哲学を学ぶのか
No.308　AI時代に食える仕事・食えない仕事
No.309　先端医療ベンチャー
No.310　最強私学　早稲田　vs.　慶応
No.311　脱炭素経営
No.312　5G革命

週刊東洋経済eビジネス新書　No.324
お墓とお寺のイロハ

【本誌（底本）】
編集局　堀川美行
デザイン　熊谷直美
進行管理　下村　恵
発行日　2019年8月10日

【電子版】
編集制作　塚田由紀夫、長谷川　隆
デザイン　市川和代
制作協力　丸井工文社
発行日　2020年2月3日　Ver.1

発行所　〒103-8345
東京都中央区日本橋本石町1-2-1
東洋経済新報社
電話　東洋経済コールセンター
03(6386)1040
https://toyokeizai.net/
発行人　駒橋憲一

電子書籍化に際しては、仕様上の都合などにより適宜編集を加えています。登場人物に関する情報、価格、為替レートなどは、特に記載のない限り底本編集当時のものです。一部の漢字を簡易慣用字体やかなで表記している場合があります。本書は縦書きでレイアウトしています。ご覧になる機種により表示に差が生じることがあります。

※本刊行物は、電子書籍版に基づいてプリントオンデマンド版として作成されたものです。